"ALGO QUE VOCÊ TEM QUE SABER PARA NÃO SER..."

Jeremias F. Torres

<u>**INTRODUÇÃO**</u>

O cargo de Presidente de uma Nação, ou antes mesmo que a denominação tal surgisse, sempre fora objeto de cobiça de muitos aspirantes ao poder.

Outrora com outra denominação, aqueles que chegaram a tão alta patente, de tanto orgulho, boa parte deles se julgavam verdadeiros deuses. Nesse particular, bastante observar os "Césares" romanos. Julgavam-se acima do bem e do mal, até personalidades como Nero, Júlio Cesar, Calígula, etc., colocarem tudo a perder. Ou seja, com seu comportamento mostraram que não só eram humanos, mas, muito bem profanos.

Imperadores o eram e dominavam pelo poder das armas e do terror. Antes dessa época e por muito tempo depois, os

Reis eram os senhores supremos do seu reino e do seu mundo.

Muitos "perdiam a cabeça" para serem reis... e muitos deles, perdiam a cabeça, literalmente falando, justamente por o serem. Em suma, fazia-se de tudo para conseguir galgar o "rol" dos futuros indicados a rei e nessa trajetória, quantos assassinatos, quanta infâmia, quanta mentira, para conseguirem ficar, se muito, 30 anos no poder e falecer!

Mais tarde, com o desenvolvimento social e etc., houve uma espécie de "uniformização" do termo e o termo Presidente, passou a representar todas as outras aspirações de autoridade máxima no poder!

Afinal de contas, mesmo o presidente de uma qualquer Nação obscura que exista lá nos "cafundós", deve ser respeitado, porque possui as prerrogativas de chefe de Estado e como tal, deve ser respeitado, onde quer que vá, onde quer que estiver!

Muito bem, "essa cartilha" vinha sendo bem seguida ao longo dos séculos, por todos aqueles que se dispuseram a disputar e foram eleitos para comandar e governar seu povo até...

Até o ano de 2018, quando no Brasil, da eleição desse presidente que aí passou!

Não se importando com o cargo, não fez jus a ocupa-lo e por sua extrema ausência de cultura, não teve plena consciência onde chegou, razão pela qual, ele e seu séquito, se portaram como um bando de "bebedores contumazes na alta madrugada, nas portas de um botequim, do interior de alguma comunidade, numa festa de sexta feira em que o crime organizado permite que possam ir além!"

Em suma: não respeitaram ninguém!

Aliás, muito ao contrário do que ocorre aos botequeiros da madrugada, que precisam pedir autorização para continuar com a farra, eles, aparentemente, se julgaram também acima do bem e do mal e por desdenharem do poder constituído, acreditando na impunidade e em sua imunidade, trabalharam contra a Nação!

Nem o próprio Fernando Collor de Mello, causou tanta decepção!

Ele, o "ex-chefe", não teve a mínima ideia o que foi que fez durante cinco mandatos como Deputado Federal. Também, acredito, que não faz a mínima ideia, quem foram as "criaturas" que o elegeram e o reelegeram. (Pelo menos, dessa 'pecha' eu tô fora).

Eu confesso, votei nele e explico o motivo.

O chamado Partido dos Trabalhadores, praticamente tinha loteado o Brasil e vendido a "juros baixos" a todas os outros países que mantinham relações comerciais. Descobriram a "fórmula mágica", para desviar todo o dinheiro público sem levantar muitas suspeitas e ganhando duas vezes em uma só transação. Superfaturavam um empréstimo, combinando com o felizardo país, quanto que tinha a ser devolvido e quando do retorno do numerário, já tinha, basicamente, "endereço certo para ser depositado".

Partido esse, que por muito tempo defendi e ainda vejo alguns dos meus amigos, defenderem. No entanto, quando dei por mim, desisti, após anos de mentiras e enganos. Não poderiam mais continuar no poder, o Brasil, não suportaria tantos desvios mais...

Porém, no PRIMEIRO MÊS, do mandato desse senhor que por aí passou, detectei sua má intenção. Quando seu discurso, literalmente, mudou de direção! Quando da sua associação com o famigerado Paulo Guedes, eu percebi, que muita decepção viria pela frente e passei imediatamente a ser oposição. O que não ocorreu com um ou outro conhecido, com esse ou aquele irmão, infelizmente!

CAPÍTULO I

<u>OS OPOSTOS SE ATRAEM?!</u>

Quando se trata de romance entre duas pessoas, sim, na maioria das vezes!

É assim, que por vezes, encontramos lá, um marido mandão, consorciado com uma mulher mais branca, para quem sabe, com o choque dos contrastes, ele se torne mais humano e ela desenvolva mais sua paciência e amor!

Mas, isso não é regra e no meio dessa multidão de almas perdidas, pode ser que surja lá, um casal que se ame profundamente por pura afinidade de sentimentos e sensibilidade espiritual!

As amizades, geralmente, também são norteadas, pelo princípio da afinidade. Aqueles que gostam de música, se reúnem. Aqueles que gostam de literatura, de

Ciência, de Pesquisa, também e assim sucessivamente!

Da mesma forma que duas figuras "patéticas" também, pela afinidade da ignorância, se reúnem para uma mesma finalidade: praticar o mal!

Destituídos de toda e qualquer sensibilidade, são atraídos um para o outro, pela força de seus obtusos sentimentos e reunidos... boa coisa não surge!

No entanto, a parte mais incrível de toda essa trajetória e esdrúxula afinidade, apesar de patéticos seus pontos de vista, encontram ao longo de suas estúpidas vidas, seres "anencéfalos" , que os seguem, concordando em gênero, número e grau, com tudo aquilo que falam, com tudo aquilo que escrevem e atabalhoadamente dizem!

A primeira grande afinidade de criaturas tais, reside, na mentira!

São mentirosos! Não exímios mentirosos, mas, simplesmente, mentirosos comuns sem muita criatividade, uma vez que buscam insistentemente, trazer do passado ao presente, uma trajetória de vida, pretensamente exemplar, que nunca, nunca aconteceu...

Exemplo clássico disso: "o trabalho infantil não faz mal a ninguém! Eu mesmo trabalhei quando criança e nunca me fez mal!"

Ele sabe que isso é mentira, seus familiares também e todos os mais chegados também! No entanto, fica batendo na mesma tecla. Porém, afrontado, sai pela tangente, corre, diz que não falou o que todo mundo o viu dizendo, por fim: "FAKE NEW!" Assim que ele pronuncia!

São perfeitamente iguais! Incrível! Melhor afinidade impossível!

O outro, que mora lá no Exterior, ainda possui o mérito de sobreviver, vendendo alguns livretos, para seu público alvo: os completamente desinformados, enquanto esse... esse há mais de 30 anos, vem vivendo como um verdadeiro rei, às expensas do povo!

Separadamente, já são pateticamente ridículos e deveriam antes de mais nada, ser ignorados, contudo, juntos, são figuras ridículas, que devem sim, estrear um próximo e criativo HQ, quem sabe...

CAPÍTULO II

<u>O PRINCÍPIO E O TÉRMINO DA EVOLUÇÃO DO HOMEM!</u>

Bom, como isso aqui não é uma tese científica, nem muito menos um tratado à exemplo do Origens das Espécies, que não deu origem de espécie alguma e apenas teorizou sobre suas transformações e foi aceita como tal, sinto-me perfeitamente descompromissado para externar meu ponto de vista, sem medo de ser mais ou menos infeliz, ser contestado ou talvez, "abençoado" pelas vis palavras!

Tomando por base a miséria que ainda assola os rincões longínquos do Brasil e dos quais o "supremo presidente", disse não existir mais privações pairando sobre suas cabeças, isso mesmo com o avançar dos séculos e dos milhares de anos, que sucederam a descoberta do fogo e a posterior invenção da roda, faço uma ideia grosseira, é verdade, do início trôpego, da humanidade neste mundo!

Digo ideia grosseira, pois, por mais que se tente imaginar a selvageria de uma civilização primitiva, é impossível sentir como fora de fato e somente observando atualmente o comportamento instintivo de alguns animais, em busca de sua próxima refeição e a brutalidade com que isso ocorre, é possível, muito remotamente, imaginar o que fora no passado uma conquista amorosa, a divisão de comida, de tarefas, a briga por moradia, seja numa árvore ou numa caverna fria, etc., quanto sangue correu, quantas cabeças rolaram e quantos inimigos foram assados ou mesmo comidos crus, numa celebração ao canibalismo, que apesar de tudo, dava sim, início ao espetacular início da civilização humana!

Recentemente, a Ciência, a qual admiro demais em alguns aspectos, após estudos, concluiu que é o organismo da espécie suína que se assemelha mais aos humanos e não o organismo dos símios, embora este último, em comportamento, ousadia, modo de caça e abate, se assemelham demais a nossa espécie!

Por fim, é possível concluir sim, que somente a evolução se deu em nossa espécie, após transcorridos, milhares e milhares de anos, até uma criança nascer e somente chorar, ao invés de grunhir!

No entanto, quando já andava, falava, gritava e até cantava, a humanidade, veio lá com o tal de domínio de povo sobre povo, do forte dominar o fraco e assim, submeter os menos favorecidos à escravidão, seja pela tonalidade da pele, seja pelo local do nascimento, seja por seu credo religioso. Daí, o surgimento de inúmeros conflitos, de infindáveis dissidências e como consequência, as guerras, foram a resposta para dirimir as diferenças. Conclusão? Mais guerras, para justificar outras e outras e durante algum tempo, somente conflitos ocasionais, ininterruptos é verdade, existiram, prevaleceram até a eclosão da 1ª. Guerra Mundial e algumas décadas depois, a 2ª Guerra.

O resto todo mundo sabe ou pelo menos ouviu falar, a invasão do Vietnã pelos americanos, do Afeganistão, do Iraque, a "infinita" guerra fria, entre Rússia e Estados Unidos!

Na América do Sul, em particular no Brasil, tudo já vinha desde algum tempo, muito mal, justamente por causa da corrupção ter gerado tanta desigualdade social, não somente agora, mas, desde décadas, tendo alcançado seu ápice, nos governos dos que poderiam sim, minorar e melhorar a situação da população carente que ainda passa fome, mas, que o recente presidente, apreciador de iguarias finas, junto com sua família, etc., diz que passa muito bem!

Tudo que fez esse senhor, junto com sua trupe e ainda promete muito "realizar" e pode ter certeza que vai, se completou perfeitamente, quando da localização e associação a uma figura apática, revoltada, viciosa, mal educada, etc., o qual "ainda" elogiado, por alguns, resolveu destruir tudo que a tanto custo foi trabalhado pelos povos: a evolução científica!

Pior: não houve nenhum cientista, nenhum Astrofísico, Astrônomo, para explicar àquela pobre criatura, primeiro: o homem chegou sim, à Lua; segundo, a Terra é esférica, redonda se assim preferir e a sensação de que ela é plana, dá-se somente pela perspectiva de um observador que leva em consideração apenas alguns metros, centenas de metros que seja, assim como, dá-se a impressão que o mar não tem fim, quando se vê ele sumindo no horizonte!

Dois desserviços foram prestados: deixar ele iludir e deixar continuar a iludir seus seguidores!

Tinha que ser o Brasil, a dar o primeiro passo para a introdução a bestialidade?! Que mais falta? Qual a próxima teoria presidente e Olavo de Carvalho? Voltar ao "circo" para homem que é homem ter que morrer para mostrar quem pode mais? Transformar novamente os salários em pequenas pedras de sal, à exemplo do soldo que recebiam os soldados romanos em troca de seus préstimos de morte em batalhas sangrentas?!

Para todos os efeitos, não é Olavo? assim como Nero culpava os Cristãos na antiga Roma, por atearem fogo em Roma, enquanto tocava sua desafinada Harpa, você e "ele" (não Nero), tem um plano mais simples: "culpa do PT!"

O PT, é culpado de grande parte do que ocorre? Claro que sim, porém, colocar a culpa somente neles "aí, dá ruim, entende?!"

CAPÍTULO III

"VÉIO LOCO!"

Calma, antes de qualquer pré-julgamento e revolta por estar desmerecendo algum senhor da chamada terceira, idade, explico: não é nada disso!

Foi com esse codinome que "ele", se auto nominou nas "redes sociais!" Ninguém lhe xingou, discriminou ou humilhou... foi ele mesmo que se auto intitulou assim e com efeito, assim o será!

E embora poucos possam acreditar, não tenho pessoalmente nada contra ele ou a seus seguidores!

O que tenho é contra suas ideias obtusas, desconexas, sem sentido, até grotescas!

Afinal de contas, é na idade adulta e posteriormente, no declínio do corpo, que a mente, tende a ficar mais aguçada, devido justamente a esse fato das dificuldades físicas, obrigarem a todos, caminharem mais devagar, diminuir o ritmo do trabalho, moderar nas diversões mundanas, reduzir as críticas mordazes e tentar fazer prevalecer o espírito em detrimento das paixões!

Ao que tudo indica, o declínio nítido e evidente nos movimentos físicos e pessoais do sr. Olavo, mais tornaram sua "língua afiada!"

Sua "metralhadora giratória linguística", dispara para todos os lados, atingindo os seus ditos inimigos e em contrapartida, os amigos também! Tudo para ele é: "que se f...."

Ao invés de tentar convencer seus seguidores pelo exemplo de vida, não pretérito, mas, pelo menos atual. Por exemplo: parando de exibir aquele cachimbo ridículo e aquele inseparável cigarro de seus vídeos!

Nunca tinha ouvido falar de tal figura, então, logo no início, quando das disputas eleitorais, prestei alguma atenção em suas conversas! Porém, nunca havia avaliado mais atentamente, nem analisado profundamente seu palavreado. Quando fiz isso, tempos depois, percebi quanto perdi... não fala nada com nada! Se auto intitula Filósofo, Tarólogo, Escritor, etc., precisa ver, o que ele não é, porém, sua grande aspiração é ser simplesmente o Embaixador do Brasil nos Estados Unidos o que, a bem da verdade, depois da indicação do filho do "chefe", qualquer coisa é possível nessa algazarra!

Ser Embaixador do Brasil no Zaire, no Congo, na Tanzânia, no Quênia, ele não quer não é?! Pelo visto de "loco", ele só carrega o apelido... não tem nada!

Todo homem, toda mulher, quando a idade começa a avançar, sente a necessidade de mudar os hábitos. Tende a ser mais compreensivos, mas, prestativos (a), o corpo, o pede! O metabolismo diminui, a força física então, nem se fala! A visão! A libido! Etc. O "Veio Loco", não! Com certeza, perdeu tudo isso, mas a sua capacidade de criticar e tentar destruir o semelhante lá de seu reduto é algo assustador. Tem muitos recursos multiplicados de sua maldade e de sua intolerância!

Lá de sua confortável residência, situada em Richmond, Virginia, Costa Leste dos "States", próximo a Washington, mantém o seu "QG" de ódio e de maldade, destilando veneno para simpatizantes e antipatizantes!

Deus tenha piedade de sua alma, porque o seu corpo esquelético, nada mais tem a oferecer ao mundo... exceto aos membros da "família", seguidores da Seita!

CAPÍTULO IV

<u>INESCRUPULOSO, SEM MORAL, ASTUTO, MENTIROSO...</u>

A pergunta que se faz, no caso é: pode um homem carregar tantos derivados sobre sua cabeça e ainda se achar o melhor? Superior? Diferente?

Claro que sim, contudo, numa circunstância específica: quando além de tudo, ainda padece de algum distúrbio mental grave, não detectado!

Começando com os filhos, o clã, a família...

No caso da família dele, inclusive, ocorre algo excepcional: todos se destacam na prática do mal! Afinal, tem grande exemplo dentro do lar! Diferente de outras famílias, que sempre tem uma "ovelha desgarrada!" Lá, todos são!

Para você, para mim e outrem, quem sabe, é difícil sustentar uma mentira durante todo o tempo e o tempo todo. A consciência começa a pesar, quando se percebe, por exemplo, que outras pessoas podem ser prejudicadas com isso, que uma reputação pode ser arruinada, que vidas podem ser colocadas em risco.

Não pessoas como ele! Inescrupuloso, carece de moral para nortear suas diretrizes e mentir é tão natural em sua vida o quanto a prática do crime, por malfeitores!

A dúvida que resta, no entanto, é somente uma: pratica o mal por que é astuto? Ou, suas sucessões de comprovadas sátiras sobre a desgraça alheia, se dá por ser ele um completo imbecil? Um completo "asno"? Como diria Gil Vicente!

Hoje, observando-o mais atentamente, compreendo o quanto um ser humano, pode se enganar tanto em relação a outro, quando não usa de todos os mecanismos que possui para discernimento e a prática da razão!

Entretanto, tenho por justificativa, a completa traição do outro partido, inclusive, cometida, contra os próprios correligionários, depois, para com toda a Nação!

Com efeito, uma coisa é pedir a imediata destituição do teocrata, outra coisa é gritar: "Lula Livre!" Ora, ora! Pedir que saia a "prostituta" para que entre o "cafetão?!" Não tem lógica, não tem explicação!

Ainda tenho uma amiga que está "situada" há mais de 30 anos no passado, quando Lula era uma promessa de mudança, quando eu, inclusive, acreditava...

Nos Estados Unidos, por exemplo, toda a Operação que visa, desarticular "cartel", enquadrar criminosos do "colarinho branco" (que foi sim, o que se tornou Lula e seu séquito), investigar, etc., goza de respaldo total... aqui, foram lá buscar algo anormal que aconteceu, para declarar que o Luís Inácio, foi condenado sem provas!

Mais provas que as juntadas para sua condenação do caso do "triprex", só se fosse autuado em flagrante delito! Na verdade, uma das melhores investigações e trabalho que se tem notícias. O único erro do Juiz Federal que atuou de maneira magistral no caso, foi justamente o fato, de ter aceitado a "passagem(?!)" Sim, o bilhete para viagem só de ida, no "barco furado" do ocupante do cargo o Sr., "Messias, às avessas!"

Mas, como estava dizendo, o sujeito quando não se aprofunda amplamente numa questão, só faz besteira e foi o que fiz, quando votei... nisso!

Na verdade, tentei usar daquele velho estratagema que muitas mães tem em relação ao seus filhos criminosos, por exemplo: não querem ver o óbvio ou que eles vão fazer alguma coisa melhor... que eles podem mudar!

No caso, mesmo sabendo que tinha tido cinco mandatos como Deputado Federal e não apresentado absolutamente nada, nenhum projeto relevante ou algum aprovado, acreditei que fora justamente por "ser bom demais!" Ou seja, acreditei literalmente, na tão conhecida e citada frase: "intriga da oposição!"

Por fim, acreditei que ele faria a diferença para melhorar o Brasil, levando em consideração sua origem como Militar, nacionalista, defensor das cores verde e amarelo...

Na verdade, só mentiu durante todo o tempo em que esteve em

campanha, é sim, inescrupuloso principalmente nesse aspecto, pois, o único ponto de suas promessas que manteve foi o fim do chamado "horário de verão!' (Por enquanto.)

Porém, não vou naquele caminho que diz: "se arrependimento matasse..." Ao contrário, estou completamente arrependido, mas, pretendo lutar também, para ajudar a "limpar o País", dessa escória que é sim, todo o clã da família Bolsonaro!

Engana-se ele, se acha que vai se manter no poder nesse Mandato e num outro com o apoio de figuras como Silvio Santos, Edir Macedo, Marcelo de Carvalho (dono da Rede TV), etc., quem te conduziu ao poder o ignorante foi parte do povo cansado e Deus... e vai ser Ele que vai te arrebatar do cargo, "maluco" e vai te colocar num lugar, de onde nunca poderia ter saído: o hospício!

CAPÍTULO V

<u>DE MÉDICO E LOUCO...</u>

Existem alguns chamados "ditos populares" no mundo, que de fato, surgem, a partir sim, de algo que aconteceu com alguém e talvez pela repetição com outros, passou-se a usar como exemplo geral!

Daí o surgir por exemplo: "pimenta nos olhos do semelhante é refresco...'; 'ver o Sol nascer quadrado!'; 'de quantos paus se faz uma canoa", etc. E esse outro: "de médico e louco cada um tem um pouco..."

Esse último dito popular, no entanto, não vale para o atual presidente e para seu "Mentor Espiritual" cego, Olavo de Carvalho! De médicos não tem nada, agora de loucos, fazem questão de disputarem às vagas!

Mas, mesmo nesse caso da loucura, há que se fazer uma enorme diferenciação, para não punir os outros "pobrezinhos" destituídos da luz da razão e que por falta de uma perfeita diferenciação, são punidos igualmente como tantos criminosos!

Ou seja, há loucos e há "loucos", sim!

Loucos não no sentido literal do termo, mas, muito piores que se o fossem, pertencente à outra "categoria", temos, figuras como Genghis Khan, o qual, suspeita-se que parte da população da Região asiática, seja sua descendente, o qual, aos espólios de guerra, dos locais em que invadia, tinha para si, além do ouro, todas as mulheres como propriedade; Nero, o "maluco" conveniente, Heliogábalo (1), Júlio Cesar, a dinastia (pai, filho e neto) Herodes, esses terríveis seres, que mostraram ao mundo antigo, o quanto o ser humano pode se degradar, se apegar a matéria e o quanto um homem, ou homens, podem ser odiados ou desprezíveis. Sabe-se, após relativa pesquisa, que eram ao menos, (06) seis, os tais Herodes, porém, desses, merecem destaque Herodes(2), o tal de "o Grande" (37 a.C a 4 a.C,) e Herodes Antipas (3) (4 a.C a 39 d.C). Note-se, contudo, que os povos antigos, costumavam chamar de "grande!", àqueles que na verdade, eram sim, exagerados e medíocres, não diferenciando-se necessariamente, o grande bom, se assim se pode expressar e o chamado "grande" relativamente normal, como fora o caso de Alexandre, que também, não deixou de cometer exageros.

Contudo, essas duas figuras ímpares, dentre seus pares, mereceram destaque, o primeiro, por mandar matar dezenas e dezenas de criança, somente por um "suspeitar" que um outro "rei" (no caso, Jesus) ousaria tomar seu trono, isso, somente por ouvir dizer! E o segundo, Antipas, protagonizou o comportamento patético do ser humano, interessado somente em "sexo" e desejo, a mando de sua enteada, mandou cortar a cabeça de João Batista, para justificar também o ditado, que dizia: "palavra de rei não volta atrás!" Como se um mísero rei, pudesse ser mais que a palavra de Deus!

Conquanto, assim como nem somente os homens, viviam de maldade, também fora convidada a "integrar o grande grupo dos degenerados..." Ela, "a dama", a Imperatriz: Messalina (4), esposa de Cláudio, o imperador "fraco". Contudo, gostaria de fazer um parêntese em defesa de Messalina e do Imperador Cláudio que aceitava tudo que sua "amada esposa" fazia, de "bico fechado"(?!)

"Defesa prévia de uma degenerada e de um homem submisso até nos mínimos detalhes?" Sim! Defesa póstuma dos personagens, defesa prévia no texto!

Valéria Messalina, era apenas uma mulher carente, necessitava de carinho e talvez, por seu "ardente desejo!", não encontrando em um só homem, ía sim, buscar fora! Tá certo que não se satisfazia, mas, nem por isso, deve ser amaldiçoada para sempre, pela História, haja vista, que alguém, muito mais sábio, muito mais bondoso, muito mais santo, já a perdoou, há tempos. Aliás, jamais a condenou! Quanto a Cláudio (5), seu "amado" esposo, era um apaixonado. Ao contrário, dos textos históricos, que dizem que apoiava tudo que a esposa fizesse, não era verdade(?) Simplesmente, ele não tinha forças para dizer "não" à esposa. Conheci um senhor assim. Ele sabia (esse meu vizinho), dos casos conjugais da mulher, ela, inclusive, não negava dele, dizia que não o amava, mas, parece que era justamente aí, que ele mais "gamava". Vai entender. Pode ter sido o mesmo fenômeno que ocorreu, com o Cláudio, mesmo porque, o retrospecto de sua família (tio de Calígula, padrasto de Nero e participou direta ou diretamente, do ato que exilio o Filósofo Sêneca (4 a.C – 65 d.C), junto com Messalina, para a Córsega).

Mas, enfim, foram como que "disseminados", figuras bizarras, as quais, sob o pretexto de protagonizar melhoras sociais, quiseram sim, ficar o mais rico quanto podiam e de uma certa forma, influenciaram a história do mundo. Alguma chance a mais que se lhes dessem, dominariam sim, o mundo: Napoleão Bonaparte, Adolf Hitler, Joseph Stalin, entre outros e outros, deram o exemplo clássico desse "anseio!" (Dominar o mundo).

Enfim, esses dois senhores, (o mentor e o discípulo) são medíocres o suficiente sim, para que, sem força e nem poder o bastante, se portarem apenas como secundários "malucos" se assim o desejar, mas, apesar dos esforços, exercem pouca influência, embora, à exemplo dos cães vira-latas, seus seguidores, latem, latem, causam muito barulho, mas, pouco estrago irão fazer, porque sabe-se sim, pela realidade dos fatos, pelo menos em relação aos cachorros, que o Mastin Tibetano, late muito menos e no entanto, é capaz de matar de uma só mordida, muitos vira-latas.

No entanto, há ainda algo bastante curioso que acontece com as pessoas, talvez mesmo, por força de expressão, para dizer que alguém vai além dos limites, que é surpreendente, valente até, usar-se o termo: "fulano, é maluco! Faz isso, aquilo outro, etc." Ainda, no caso em tela, não serve, justamente pelo fato, da seriedade da questão. Sim, trata-se de dois indivíduos, consorciarem-se para governar uma Nação, como se administrasse um chiqueiro, um galinheiro, etc. Sem o menor pudor, sem qualquer decoro! Daí justamente o fato, de poderem sim, ser chamados de grandes imbecis, grandes idiotas, grandes medíocres, etc., mas, não de malucos!

Por fim, nem "codinome" de médico, que pela originalidade do nome, traduz cura e nem de louco, que pela excentricidade do termo, traduz, alguém necessitado, carente, requer cuidado, etc., se bem que, nesse caso, os últimos dois palavreados, fazem sim, sentido absoluto!

(1) **_Heliogábalo_** - *(Imperador romano (218-222) – nasc., 203 – 222 -) nascido na Síria, que por ser muito parecido com o ex-imperador Caracalla, pensavam ser ele seu filho bastardo. Filho de Julia Soaemias (sobrinha de Julia Domna) e de Sextus Varius Marcelus, foi proclamado imperador (218),*

por tropas orientais que haviam se rebelado contra o governo de Macrino, que o proclamaram augustus com a idade de 14 anos. Com a morte de Macrino, assumiu o trono em Roma e levou para a capital do império o culto do deus de Emesa, na Síria, El Gebal, divindade dos povos semitas ocidentais, ligada à tempestade, à chuva e à fertilidade, de onde derivou seu apelido e do qual era sacerdote. Esse comportamento escandalizou os senadores romanos e os soldados. Reconhecido como homossexual e travesti, insolitamente casou com três mulheres, Julia Paula, Aquilia Severa e Annia Faustina. Sob seu governo, os atores, dançarinos, aurigas e atletas atingiam posições de destaque com base em seus excessos sexuais, e nem sua mãe nem sua avó conseguiram controlá-lo. Ou seja, como imperador soltou a franga de vez e incontrolavelmente! Os soldados ficaram tão repugnados com sua conduta e a maioria já queria seu assassinato. Sua avó, Julia Maesa, convenceu-o a adotar seu primo, Severus Alexander, como filho e césar (221). Ciumento com o prestígio de Severo junto às tropas, planejou matá-lo, mas os soldados se revoltaram, e o mataram e também a sua mãe (222) e arrastaram seus corpos pelas ruas de Roma até e jogá-los no Tiber.

(2) _Herodes, "o grande"_ - O primeiro desses governantes foi Herodes, o "grande", que governou toda a região da palestina entre 37 a.C a 4 a.C, quando faleceu. Esse Herodes foi o que mandou remodelar o templo de Zorobabel, criando o grande e famoso templo de Herodes. Ele também foi o governante que encontrou com os Magos na época do nascimento de Cristo (Mateus 2:1) e que mandou matar os meninos com menos de dois anos em Belém da Judeia (Mateus 2:16).

(3) _Herodes Antipas_ governou a Galileia e a Pereia de 4 a.C a 39 d.C. Ele é mencionado na Bíblia tendo graves problemas com João Batista e manda decapitar João Batista (Mateus 14:1-12). Jesus o chamou de raposa: _"Naquela mesma hora, alguns fariseus vieram para dizer-lhe: Retira-te e vai-te daqui, porque Herodes quer matar-te. Ele, porém, lhes respondeu: Ide dizer a essa raposa que, hoje e amanhã, expulso demônios e curo enfermos e, no terceiro dia, terminarei" (Lucas 13:31-32)._

(4) _Valéria Messalina_, também conhecida somente como Messalina (Roma, 25 de janeiro de 17 - Roma, 48) , terceira esposa do imperador Cláudio. Ela era também prima pelo lado do pai de Nero, prima de segundo grau de Calígula e sobrinha-bisneta de

Augusto. Imperatriz romana aparentemente nascida em Roma, cujo nome ficou associado a crueldade, luxúria e avareza. Era filha de Marcus Valerius Messalla Barbatus, membro de uma família tradicional da aristocracia da República Romana, e desde jovem que freqüentou a corte imperial e casou-se aos 21 anos com o Imperador Claudius I (41-48), sendo sua terceira mulher e com quem teve dois filhos: Otávia, futura esposa de Nero, e Britânico. Sua reputação entre os historiadores do período clássico, como Tácito e Suetônio, não foi das melhores. Descrita como uma mulher cruel e ambiciosa, com enorme influência sobre o marido imperador, valeu-se de sua posição para prejudicar muitas pessoas influentes, entre elas Valerius Asiaticus e Vinicius e tornou-se notória por sua promiscuidade, comportamento que não incomodou o fraco imperador. Assim, conhecida como adúltera, promíscua e dada a casos escandalosos, só a confiança cega que Cláudio tinha nela a mantinha na corte. Finalmente resolveu deixar seu marido para se juntar com o cônsul Caius Silius, recém nomeado (48 d. C) e com quem arquitetou um plano (48) para assassinar o imperador e substituí-lo pelo amante. A conspiração foi descoberta por Narciso, o secretário de Cláudio e ela, Silio e os outros conspiradores foram presos e condenados à morte e executada por ordem do imperador. A difamação de sua memória seguiram-se imediatamente e tornou-se símbolo da pecaminosidade entre os cristãos. Os escritores romanos, Juvenal em suas Sátiras (110-130 d. C.) e Tácito em seus Anais (c.150 d. C), escreveram sobre ela tratando-a como uma verdadeira devassa, de vida sexual tão escandalosa que o marido teve que matá-la.

(5) *Cláudio César Germânico - Cláudio (10 a. C.-54) foi imperador romano entre os anos de 41 a 54 da era cristã. Foi o quarto representante da dinastia Júlio-Claudiana. Era sobrinho dos imperadores Otávio Augusto e Tibério, e tio de Calígula. Esposo de Messalina.*

CAPÍTULO VI

PARA ESSAS "DUAS" NÃO HÁ MELHOR DEFINIÇÃO!

Déspotas, eis o que são essas "duas" pessoas...

Incrível como a falta de argumentação e verdadeira sabedoria, aliadas a quase inexistente falta de inteligência, faz algumas pessoas, acreditarem suprir pela força física e às vezes, pela violência da palavra, completar o total vazio de suas inúteis admoestações...

Sei bem o que isso significa, pois tenho um membro da família assim. Apoiador incondicional do "pretenso presidente!"

Na verdade, são tão inconsequentes, incoerentes, que sequer conseguem dissimular suas reais intenções em calculadas mentiras, como o fazem "magistralmente", a maioria dos políticos brasileiros há anos... à contento aos seus pares! Eles não o conseguem!

Digo "eles", porque agem em conluio e essa simbiose, não seria possível, se um não fosse tão "besta" quanto ao outro e é disso, que esse meu parente tanto admira, que julga ser virtude: o sujeito falar o que pensa, da maneira que quer, em qualquer oportunidade, não importando ferir o semelhante em sua mais sutil sensibilidade, em seu amor próprio, em sua educação!

Além do mais, existe o simples cavalheirismo que ambos desconhecem e se o conhecem, o que não acredito, espezinham!

Como é possível, o indivíduo em uma única frase desmerecer uma dama em seus aspectos mais sensíveis de mulher e profissional? Pelo menos poderia respeitar uma trabalhadora como sexo frágil, não é?!

"Você deveria voltar para a Faculdade, moça!" Eis a "pérola" do "mito!"

Acima de qualquer coisa, ele deveria respeitar a jornalista, como mulher, independente de seu modo de ser e de pensar! Não o fez! Depois, respeitar o ser humano e é claro, a profissional! Nada disso, no entanto, lhe opõe freio as suas incoerências e em sua total falta de tato, aliás, tato e traquejo com as mãos é somente o que parece possuir sua esposa, porque caráter, não é o forte dessa família, nem dessa e nem no "homem" de Virgínia!

O que mais me impressiona, no entanto, é ver pessoas, aos milhares, ainda se deixarem iludir com argumentos e comportamentos tão bizarros!

Assim, como em algum ponto da Bíblia diz, que pelos frutos se conhece à árvore ou conhece-se a árvore pelos frutos, nesse caso, a Parábola, em parte pode ser aplicada a ambos!

No que tange, às árvores que os originou, não há dúvidas: eis o resultado!

E esse fato continua sendo verdadeiro, em relação ao "top presidente". Seus filhos, ratificam em gênero, número e grau, tudo que está contido no dito bíblico. Seus filhos, são sim, exemplos típicos de uma péssima criação, de uma má educação e a fórmula "correta" de como NÃO se deve cuidar das "crianças!"

E para desgosto do pai, ainda tem um deles que é dissimuladamente "gay", "sofrendo" com sua condição, em não poder se assumir, com receio do que dirá o "papai!"

Essa condição sofrível do atual, temporariamente (graças a Deus), ocupante do Palácio do Planalto, ou seja, a de medíocre pai de família, perto do Olavo de Carvalho o transforma simplesmente num "top Dad!", num super pai, dado o desprezo com que aquele, tratou os membros de sua família. Ao que consta, o menor dos prejuízos ao seu clã, fora o fato de sequer ter pagado a devida Pensão. Sim, porque a ausência de todo o resto, amor, carinho, respeito, etc., cumpriu exatamente à risca. Por isso, que a Parábola, em parte os dividiu. Ou alguém tem dúvida que aquela figura emblemática, dividiria seu ódio, desprezo, descaso, indiferença e propagação do vício, somente com seus correligionários, partidários e simpatizantes?!

Sim, "outros", apesar de despóticos, foram excelentes chefes de família, destaque especial, nesse quesito para Joseph Stalin. O qual, durante um dia de "extenuante" trabalho, depois de "despachar" algumas centenas de prisioneiros, para morrerem na "Sibéria", mandar assassinar outros tantos antipatizantes de sua causa e contrários aos "camaradas", ao chegar em casa, ia brincar com sua adorada filha, de "cavalinho", "esconde esconde", como se nada tivesse acontecido durante o dia. Era o mestre em seu recinto familiar, da dissimulação e pretensos "bons costumes!"

Antigamente, por falta de experiência, eu acreditava sim, que durante uma vida, era possível uma modificação total, geral e irrestrita de um homem ou de uma mulher... hoje, entretanto, tenho dúvidas! Um ou outro, pode sim, relativamente, superficialmente, mudar algo...

E isso, eu não observei e vi em nenhum livro de Filosofia ou de Ciência. Foi justamente, analisando, o comportamento de alguns jumentos velhos, que pastam aqui num campo verde, perto de casa. Sim, esses pobres animais, passaram a vida sendo o que eles são, comendo do mesmo jeito, suportando Sol, vento, frio e chuva, da mesma maneira e forma e sempre nas quatro patas, etc., Então, por qual motivo e milagre que sejam, iriam repentinamente, agir diferentemente do que foram a vida inteira?! Impossível! Geralmente, esses animais já descartados do serviço de campo, seus donos, sem piedade, vendem-nos para exportação, por julgarem, não servirem mais para nada... Uma coisa é certa, com relação aos animais eu nunca vou concordar. Os animais sempre vão prestar para alguma coisa, quanto aos outros "burros", tenho minhas dúvidas!

CAPÍTULO VII

CUIDADO, MUITO CUIDADO... PODE DAR CERTO PARA UM IMBECIL!

Talvez dê certo para dois. Para três eu acho que já é demais.

Mesmo porque, o "excelente" trio já fora formado, desfeito e na vida real, seria bem mais difícil... e muito mais incoerente uma coalisão com o mesmo desempenho e combinação!

Eu sei que é um momento delicado em que passa a sociedade brasileira, ou melhor, parte dela! Ou seja, àqueles tomados pelo fanatismo, pela truculência e quase irracionalidade, quando tentam a todo custo, inverter a ordem natural das coisas, tentando de todas as maneiras fazer crer que violência e crime, se justificam como legítima defesa, tortura, como em cumprimento do dever, agressões físicas e verbais, como defesa da honra de um "nobre ser", mas nós sabemos, eles, no fundo aceitam que são incoerentes e patéticos!

Ora, ora, não é porque as coisas deram certo para um indivíduo irascível, intratável, detestável, dissimulado, preconceituoso, preguiçoso, presunçoso, etc., que vai dar certo para um segundo ou para um terceiro, nesse caso, todos os seus fanáticos seguidores. Afinal, já se viu esses filmes antes... Quantos pretensos líderes, principalmente os americanos, levaram centenas de seguidores ao suicídio em massa por ordem sua, a cometerem assassinatos também por seu comando. Quanta violência ainda se pratica em nome da religião e em defesa desse ou daquele partido político?!

Veja-se por exemplo, aliás, péssimo exemplo, um ladrão de banco!

Enquanto pode roubar e se safar, vai ter lá uma vida confortável, (se é possível chamar uma vida confortável, morar numa linda casa, carros na garagem e... o olho sempre na estrada, aguardando a qualquer momento a voz de prisão), pode até ser que por algum tempo, consiga manter esse padrão e uma aparência de homem honesto na sociedade e não duvido que um ou outro, consiga, no final das contas se safar, o que é muito, mas, muito difícil mesmo!

Fato é que, ladrões, morrem a todo instante em toda parte do mundo. Ladrões "entram" (e saem, principalmente aqui no Brasil) da cadeia a todo momento! Tornando as carceragens do Brasil, de Norte a Sul, Leste a Oeste, as mais imundas, lotadas e indignas do mundo. Mas, isso ainda é consequência do tipo de escolha que se faz, quando se opta pelo mundo do crime! Conforto em prisão... só nos Estados Unidos e olhe lá...

Enfim, seguir exemplo de um "deficiente visual" no que tange a andar em meio a carros numa avenida movimentada é... "relativamente temeroso!" Pode ser que esse pobre cego sobreviva, por golpe de sorte, mas será que outros tantos que os seguirem, conseguirão a mesma proeza?!

Vejo algumas pessoas (algumas, bem próximas mesmo), tentando imitar o "jeitão" do "messias Bolso", e com certeza, pode ser que não se deem tão bem, quanto seu preceptor! Porque, para ser "imbecil por excelência", é preciso já vir com uma "espécie de dom", que o coloca acima da média dos idiotas, tornando-o quase inacessível ao entendimento comum, a não ser dos seus iguais...

Daí a minha "preocupação" e alerta: cuidado, pode até dar certo esse comportamento bizarro, agressivo, violento, etc., de um determinado "imbecil", mas, pode acontecer, que um seguidor seu, igualmente "ambicioso" por ocupar seu lugar, tropece no primeiro obstáculo e não consiga se safar de tanta ignorância, correndo ainda o risco, de não mais conseguir andar ereto e grunhir ao invés de pronunciar as célebres palavras (hoje eternizadas) "talokey?!"

CAPÍTULO VIII

FOI SIM, O PIOR DISCURSO REALIZADO POR UM HOMEM...

...Investido do cargo de presidente, desde a saída do próprio homem das cavernas e desde o advento da descoberta do fogo e a transformação do "quadrado" em roda!

Não, não há exagero nenhum, uma vez que todos os outros que lhe antecederam, em todos os recantos do planeta como "chefes", falavam aos seus pares, como deveriam falar, da maneira como deveriam se comportar...

Muito diferente, do indivíduo que, tendo alçado "alguns poucos milímetros" na desenvolvida civilização, fazer valer seus "princípios" obtusos, como se fossem os mais corretos da história do mundo e o pior: contando ainda com um imenso exército de apoiadores! O que como anteriormente dito, não é novidade alguma! Isso porque, atrás de um maluco, sempre existe um "corpo orquestrado" de outros tantos a defende-lo!

Minha teoria é a seguinte: pessoas extremamente carentes de amor, carinho, atenção, etc., sem uma sólida posição em relação a opinião, religião, etc., relativamente rudes quanto a questionamentos, precisando de um ídolo, de um "ícone" para direcionar seus pensamentos, assim, como à Bíblia dá exemplo, dos seguidores de Moisés, aproveitando-se de sua ausência, criaram um "bezerro de ouro" para adorar, eles também, essas pessoas extremamente carentes, vez ou outra, também criam seus próprios bezerros, para idolatrar, para adorar. Mas, no fundo, no fundo, eles sabem que são uma farsa! Os ídolos e eles próprios!

Aqui no Brasil, principalmente, não digo nem no resto do Planeta e mesmo na Europa e até nos Estados Unidos, ele é tolerado, simplesmente ainda, porque (nessa hora, muitos viram a cara) é branco!!!

Aí volta a velha questão à tona e os mesmos questionamentos e tal: "você está enganado, aqui não existe isso!' Você forçou a barra, aqui todos tem os direitos iguais!' O que você fala não faz o menor sentido!' Deve ser punido por tamanha injúria!" Mas, todo mundo sabe que é a mais pura verdade. Se fosse um negro ou uma negra, já surgiriam os velhos comentários: "vai jogar bola negão!" ou "volta pra senzala neguinha!" Mas, como ele é branco, tolera-se um pouquinho mais, assim, como uma mãe tem paciência e esperança em seus filhos, a Pátria Amada, tão desigual para com tantos, tem um carinho especial, para essa espécie...

Enfim, foi lá ter o "vira latas", pulguento, sem "pedigree", latir na sede das Nações Unidas, para: "leões", "tigres", "cobras venenosas", "ursos imensos", etc., achando que fez a coisa mais linda da história do Brasil. Depois, como uma prostituta sem caráter, foi lá receber a "paga" do seu abusador, que se resumiu em um simples aperto de mão... e rápido para os repórteres e para a televisão o despachou!

Em seu primeiro pronunciamento em Davos, na Suíça, em parte, fez o que todo mundo espera que faça um imbecil: ficou calado a maior parte do discurso e no pouco que falou se limitou ao seu aprendizado de "vogais", não arriscando o "alfabeto" que seria demais!

No discurso da ONU, depois dele ter ao longo de alguns poucos meses: ofendido pessoas de toda forma, discriminado, disseminado a cultura da violência através do projeto das armas, indicado seu filho tosco para ser Embaixador do Brasil nos EUA, demitir Ministros por fofocas de seu filho "Carluxo", ter humilhado Governadores do Estados do Nordeste, ter indicado o especulador bancário para ser Ministro da Economia, etc., quando todos sabiam que o máximo que deveria fazer na abertura era calar... ele, "o homem", resolveu falar!

Aí "fedeu!"

Atacou a França e seu Presidente, a Alemanha, a Venezuela, Cuba, o Cacique Raoni, etc., e o auge de seu discurso, foi quando negou, que na Amazônia estava havendo queimadas exageradas e a consequente destruição da Fauna e da Flora e aqui eu abro um parênteses, para um testemunho pessoal!

Estava em São Paulo, há cerca de dois meses aproximadamente, em plena região metropolitana, quando por volta das 15:30 e 16:00 horas, aconteceu um fenômeno que nunca na minha vida em São Paulo, mais de 50 anos, havia presenciado!

A atmosfera escureceu, o céu tornou-se opaco, anunciando a priori, mudança brusca de temperatura ou chuva!

E foi escurecendo, escurecendo e que chuva que nada! Era simplesmente, fuligem sobre a capital paulista, devido a um número nunca visto antes das queimadas nas nossas matas, em anos anteriores! Seria mais uma obra do "mito!" e sua política de liberação aos madeireiros?!

Nos últimos anos do governo Dilma, em seus pronunciamentos, tinha-se a impressão que antes de cada um deles, ela ingeria um super cálice de aperitivo. Em suma, após tantas incongruências, em não falar nada com nada, coisa com coisa, etc., já se imaginava como fora possível, aquela "dama" chegar tão longe?!

No entanto, ele, veio quebrar esse tabu e mostrar que mesmo antes de um governo se consolidar em seu primeiro ano, já é possível "bater esse feito!" Quando não tem o que falar (aliás, a maioria das vezes), ataca a imprensa, quando não quer responder nada: corre! Quando esse comportamento é flagrado por todas as câmeras e vira manchete nos jornais: "fake News!"

Inúteis as controvérsias a respeito: falou bem, falou mal!

Todo mundo sabe o que aconteceu: aquilo foi simplesmente um espetáculo patético, deprimente, ridículo!

Imagino a cara dos brasileiros que por inúmeros motivos, residem no exterior e tem lá que explicar onde vivem as atitudes desse senhor já mentalmente decrépito, embora com algum vigor físico, para "torrar" muito a paciência dos brasileiros, que não suportam mais ouvir a sua insolente voz...

CAPÍTULO IX

<u>POR QUE ELE E NÃO O GANDHI (2) SOBREVIVEU?!</u>

Muito longe de mim, tentar fazer comparações. Mesmo porque não condiz ao presente propósito, contudo, é forçoso imaginar porque algumas circunstâncias fogem completamente à pretensa peculiar elucidação de certos acontecimentos históricos! Porque não existe necessariamente uma certa lógica a encadear tais circunstâncias, ou seja, além de morrerem homens justos em atentados, morrem canalhas também e outros tantos, de ambas as definições, sobrevivem!

Foi o caso por exemplo, do Ditador Júlio Cesar, na antiga Roma, que ingenuamente acreditava que poderia, "operar" como general do Exército Romano, depois, na condição de Senador, que também o era, desfilar tão somente de toga, sem qualquer arma que o protegesse de um possível ataque, atentado e pagou com a vida por esse pequeno descuido.

Mahatma Gandhi, muito ao contrário, um homem que só pregou ao bem, ajudou ao semelhante, à época, pacificou a Índia e ainda contribuiu para a libertação da mesma, do jugo inglês, saindo para uma simples pregação, surpreendido por um fanático, com o pouco tempo de vida que lhe restava, após ser alvejado por diversos tiros, ainda sussurrou sobre o perdão, para com seu algoz, seu assassino!

Já Adolf Hitler, sobreviveu a mais de 33 atentados contra sua vida! Nem imagino a lógica disso!

Menos sorte, também teve o pobre Juiz Falcone(1), lá na Itália, que tentou a todo custo, encerrar as atividades da Máfia Siciliana, sem muito sucesso. A quantidade de explosivos depositados sob a ponte que passaria o juiz e sua comitiva, inclusive em carros blindados, fora tanta, que daria para abastecer durante um ano inteiro, o crime organizado aqui no Brasil, mais particularmente o PCC aqui em São Paulo, em sua escalada sem fim, explodindo caixas eletrônicos e colocando para voar nas rodovias, caminhões de transporte de valores, devido ao forte impacto dos explosivos! Enfim, acredito que era Juiz do bem, mas, sua morte foi violentíssima!

Às vezes o sobrevivente, não é aquilo que as pessoas imaginam que seja, para correrem as ruas gritando: "Deus salvou sua vida! Saúde! Vitória!"

Outro exemplo da antiga Roma, o trás, o "Cesar" Calígula, que depois de um longo período gravemente enfermo, de ter ficado entre a vida e a morte, foi-lhe revelado que um dos seus admiradores, havia orado e jurado que daria a própria vida pelo restabelecimento da vida do "seu" imperador. Ao tomar conhecimento desse fato, mandou chamar o tal admirador e simplesmente lhe falou: "disseste que darias a vida por mim? Pois bem, que seja feita a tua vontade!" Tomou de um gladio e trespassou o peito do pobre dedicado, deixando-o esvair-se em sangue!

Um indivíduo bastante rústico e não estou dizendo ser esse o caso, tem uma "segunda chance", para ver se faz direito, o que durante anos, fez errado!

Precisa-se sabe em quais dos casos se encaixa ou se enquadra o já ultrapassado "mito". Só lembrando que o pior cego é aquele que se recusa a enxergar. Já citei em algum canto por aí, o porquê dessa expressão e sua finalidade: em algum lugar no País de França, Paris, havia um médico famoso que acabava de finalizar alguns de seus estudos, acerca da remoção de cataratas e algumas pequenas anomalias que dificultavam a vida de algumas pessoas que possuíam problemas de visão. Escolheu um voluntário que como tantos outros, sofria, desde tenra idade de problema ocular, porém, seu "globo" estava relativamente preservado, assim como as córneas e a íris. Com efeito, em uma simples operação, retirou o que impossibilitava a visão do pobre "cego" e como por "milagre" o tal homem voltou a enxergar ou melhor, enxergou, pois, nunca tinha tido esse grande privilégio!

Pois bem, passado algum tempo, surpreendentemente, o médico foi procurado por seu paciente, o antigo cego, que parecia nervoso e irritadiço, o que levou o médico a questioná-lo: "tudo bem com a operação?! Algum efeito colateral?!"

O homem respondeu: "não doutor, está tudo bem! Mas eu quero saber se o senhor pode reverter a operação?!"

"Reverter?!" Falou o médico assombrado e complementou: "Mas, por que?!"

“Por que?!” respondeu o homem. “Lhe digo já: passei a minha vida, imaginando como seria lindo o mundo, ou como poderia ser. Nem fazia ideia de como realmente as pessoas seriam, a convivência, os sorrisos, as lágrimas. Enfim, não foi nada disso que eu imaginei, isso sem falar da violência!”

Logicamente, o médico nada poderia fazer para ajudar aquela criatura, que ao invés de agradecer por ter visto a luz do dia e a escuridão da noite, amaldiçoava sua condição, porque fugia daquilo que de fato queria ou imaginava que poderia ser o que queria!

O exemplo é bastante complexo e a causa, por demais nobre, para merecer certa comparação com assunto tão trivial, tão corriqueiro, que é um “semi” atentado contra um candidato, famoso ainda, pelo afiado de sua língua!

Sobreviveu porque tinha que sobreviver porque seu atrapalhado algoz, escolheu um péssimo momento, além de um grosseiro instrumento de execução! Não que eu seja a favor da violência e tente uma propagação de crime e ou satisfação!

Felizmente para ele, não sei se vai servir de consolo, mas, minha velha avó já dizia: "vaso ruim não quebra fácil!" E um outro amigo viajante: "quem morre na véspera é peru!"

(1) Giovanni Falcone - 18 de maio de 1939, Palermo, Itália; 23 de maio de 1992, Palermo, Itália;

(2) Maohandas Karamchand *Gandh*i - 2 de outubro de 1869, Porbandar, Índia; 30 de janeiro de 1948, Nova Délhi, Índia;

(3) Caio Júlio César Augusto Germânico (Calígula) - Imperador) - 31 de agosto de 12 d.C., Anzio, Itália; 24 de janeiro de 41 d.C., Palatino, Roma, Itália.

CAPÍTULO X

<u>O COMPROMETIMENTO É MAIOR, QUANDO SE USA</u>...

...O nome de Deus em vão...

Em todas as circunstâncias, para fazer valer perante a sociedade, seu pretenso envolvimento com o "plano divino!"

Há que se considerar, no entanto, que determinada classe de indivíduos, para atingir seus objetivos, fazem aquilo que acham digno e justo e "temer ao Senhor", é algo que não lhes mete medo!

Destituídos de todo e qualquer escrúpulo, se acham perfeitamente dispensados de prestar qualquer conta para quem quer que seja, do plano físico, do mental, espacial ou espiritual, porque para eles, tanto faz!

Se não se preocupam em enganar, não consideram de fato, os seus deuses aos quais dizem ser os retransmissores de suas palavras, portanto, nada a temer, então são capazes de qualquer coisa para conseguir local de destaque, porque na verdade, são piores que muitos materialistas, porque àqueles se limitam a ser pessoas normais e mesmo não acreditando em nada, comportam-se sim, (muitas vezes) de maneira digna e honrada até os fins de seus dias sobre a Face dessa Terra...

Enquanto os que dizem: "(...) E Deus acima de todos!" Nem sequer ficam vermelhos em pronunciarem semelhantes palavras, porque ainda acreditam que serão compreendidos e perdoados, mesmo quando enganam a eles (deuses), aos semelhantes e indiretamente e principalmente, a eles próprios!

Contemplo o Universo à noite e estremeço(?!) E penso: "quem fez semelhante coisa, tem poder suficiente para fazer qualquer coisa sobre a Terra, sobre o mar, sobre o ar, em qualquer parte do Espaço, em qualquer dimensão, em qualquer lugar! Portanto, não ouso brincar com semelhante Força, com semelhante Capacidade de ordenar a tudo e a todos!"

Se não tem problema de consciência em enganar os humanos, seus iguais, não terão grande dificuldade, de usar o mesmo estratagema para com os deuses. Porque é distúrbio pessoal, intimo, individual, etc., ao que parece, a única coisa que os faz retroceder um pouco e reconsiderar alguns aspectos de sua mísera existência, é quando a morte, de alguns dos seus entes queridos os faz "descer do salto!" Por algum tempo, curtíssimo espaço de tempo mesmo, eles se mostram um pouco sensibilizados com a dor do semelhante, levando em consideração a sua. Porém, algum tempo decorrido, desembaraçados dos laços do luto e da tristeza, voltam a ser tão frios e indiferentes, o quanto foram durante todo o tempo. Exemplo clássico disso se passou, com o antigo governador Geraldo Alckmin, conhecido por sua total falta de empatia, antipatia, mentiras e sarcasmos, que ao perder o filho num acidente, por um período curtíssimo mostrou-se sensibilizado, porém, depois...

Para poder um deus, causar alguma influenciação direta a esses senhores, pelo menos do seu ponto de vista obtuso, esse deus, deveria tomar forma e aspecto, dirigir-lhe diretamente a palavra, já que eles "são completamente diferentes" , do resto da humanidade e isso não acontecendo, preferem se acomodar em sua "confortável poltrona de hipocrisias" e continuam na mesma "pegada!" Centenas de milhares de exemplos "chovem" por todos os cantos, até em textos Evangélicos, orientando no sentido de que o crime e nem a mentira compensam, mas, eles não acreditam. Chegando ao absurdo de acreditarem que o dinheiro público, que vai ter até suas mãos, "por direito é deles!"

Não fosse pelo fato, de me sentir completamente e diretamente atingido por suas atitudes no seu (des)governo, eu abriria mão e me absteria de os criticar e deixar somente à Justiça Divina, o poder implacável de administrar as devidas corrigendas, que as dará!

Contudo, não posso me furtar, assim como o homem de bem ao concurso de mostrar a eles, que não podem governar uma Nação, sem objeções, sem críticas e sem retaliações! Como o faziam seus antecessores, em meio ao flagelo da Escravidão!

CAPÍTULO XI

<u>AH, BRASIL... VARONIL!</u>

O Brasil, com seu atual presidente, virou piada não somente intestina, mas, internacional. Onde ele chega, as pessoas torcem discretamente a boca, com cuidado para não serem vistas, porque sabem que esse tipo de pessoa... surta fácil!

Em sua última "live" gritava o homem, para àquela outra Rede de Televisão que nada apresenta de novo, a não ser a eterna sucessão de novelas, mentiras, fofocas, libertinagem e dissolução da família, etc., mas, bradava ele: "Rede Globo, deixem eu governar o País..."

Mas, esperem aí, quem não deixa ele governar o País é ele mesmo! Toda vez que abre "aquela abençoada boca", gera uma polêmica diferente! Tudo que apregoava e condenava na época de campanha, fez exatamente igual... ou pior!

A velha política do "toma lá dá cá!", em sua "nova" política de governabilidade, "caiu como uma luva". Em resumo, em pouco tempo, ao contrário dos outros que demoraram um pouco mais, para mostrar a que vieram, ele mostrou e demonstrou ser, a pior escolha que uma Nação já sem esperança, poderia optar, justamente por falta de opção! No entanto, acredita ele, ter sido a melhor solução!

Nunca um outro (presidente), na história (está provado, documentado), empregou tanto... seus familiares, amigos, amigos dos amigos e milicianos do Rio de Janeiro, ou seja, em sua grande maioria, assassinos de aluguel, etc., no intuito de "colocar o Brasil nos eixos!"

Fez "tanto" em tão pouco tempo. Tanta confusão e desunião causou, assessorado por seus "escudeiros filhos", que hoje, dia 07 de novembro de 2019, após o Supremo Tribunal Federal brasileiro, o Tribunal mais "esquisito" da história, proferir uma Decisão polêmica, para libertar condenados em 2ª. Instância e libertar o Sr. Luiz Inácio Lula da Silva, o qual, diga-se de passagem, tem o "171" forte... (ou seja, nunca foi honesto, nunca foi verdadeiramente a favor do povo, e sim dos banqueiros e tentou no fim do seu Governo ressuscitar a famigerada CPMF), o mesmo, ser ovacionado por seus correligionários e algo mais chamou a atenção e o Sr. Bolsonaro e clã, disso não se aperceberam: não havia um único apoiador seu, para condenar a saída do chamado ex-presidente! O que dá a entender, que finalmente: o sonho acabou e o pesadelo se iniciou, principalmente, com a aprovação da Reforma da Previdência e outras tantas maldades que virão por aí, da parte desse Governo, eu diria até, total desilusão da população!

Ora, conseguiu um feito, no mínimo, "memorável!"

Conseguiu transformar um ex presidiário (ainda respondendo a Processos) em mais uma possível esperança devido a falta de atitudes positivas de sua parte e de seus filhos, tornando-se simplesmente, em "persona non grata!"

A questão é: tem chance de recuperar sua antiga credibilidade adquirida à época das Eleições?

Claro que não! Todo mundo agora, o conhece. Eu disse, literalmente, todo mundo, inclusive os Franceses, os Alemães, os Chineses, os Russos, os Cubanos, os Venezuelanos, os... Americanos e a grande maioria dos brasileiros, etc.

Na verdade, é o seguinte: para cada louco que se elege, existe uma legião de fanáticos apoiadores, que se recusam a ver, ao ridículo em que estão metidos e o tamanho da mediocridade que seu "herói" possui!

Conclusão: entre um ladrão que desviou milhões dos cofres públicos, se banqueteou junto aos banqueiros, mas, inconsequentemente, deixou cair algumas migalhas para os pobres e aquele outro, que roubou (entenda-se, não no sentido literal do Código Penal) somente para si e favorecer sua família e os amigos íntimos, é óbvio que a sociedade, a essa altura, já sabendo quem é quem, logicamente, vai optar pela primeira opção e nem adianta Jair pai, Edu, Flávio, Carluxo, estrebucharem, irem as redes sociais "fofocar", que suas palavras, já não tem o mesmo peso de antes, embora eles, se recusem a entender isso!

Em suma, se saíssem agora, doeria menos depois...

CAPÍTULO XII

NUNCA UM OUTRO FEZ TANTO (PARA MIM, PELO MENOS) EM TÃO POUCO TEMPO!

É o seguinte, é preciso ter coragem para mudar as coisas e mais ainda reconhecer quando se está errado, isso, principalmente no que diz respeito a política!

Agora, uma coisa é certa, como estava não poderia ficar o todo, mesmo porque o Brasil, não suportaria! (Lula roubou demais, Dilma , deu continuidade e o temer arrematou).

Como é de costume, acreditei realmente que com o passar dos anos, automaticamente, como acontece sempre, o Governo "naturalmente" perderia sua credibilidade e eu cairia na real. Dessa vez, foi diferente! Em apenas algumas semanas , fiquei completamente decepcionado com o governo Federal, Estadual, nem se comenta porque todo mundo sabe de sua capacidade e anseios...

De outras vezes, contudo, demorei algum tempo para perceber o engodo. Lula, por exemplo, Dilma, por exemplo, me ludibriaram direitinho... Mas, dessa vez, escolado, percebi rápido a incoerência e a farsa!

Nunca simpatizei com esse senhor chamado Paulo G., o "guru" do presidente e de fato, em pouco tempo, mostrou claramente a que veio e não foi para minorar a situação da população brasileira ou tirar do buraco essa Nação!

O senhor Paulo Guedes, quer a todo custo: implantar um sistema de Previdência aplicada no Chile que, inclusive, resultou em um tremendo fracasso, além de ter levado parte da população a quase completa miséria, acabando com a Aposentadoria ou num quadro menos drástico, redução de no mínimo 50% da mesma!!

Acabando com a Aposentadoria sim, pois, nos moldes dos percentuais aplicados, ninguém vai viver para usufruir, ninguém vai sobreviver para ver o final da história!

Intelectualmente, o presidente, carece de mais perspicácia, para perceber que o senhor Paulo Guedes, vai levar sua aprovação de 70% , a 0% (nas urnas) rapidamente! E inexplicavelmente , o homem eleito para garantir os direitos Constitucionais dos brasileiros, simplesmente, mudou de lado e agora apoia os banqueiros, os empresários e os abastados. Pelo menos esse ponto de vista de defender os empresários nunca escondeu de ninguém!

Como é possível a população, mesmo a parcela dita esclarecida, se deixar levar por essa farsa de déficit da Previdência?!

Em qual cenário isso seria plausível e possível?

Se houvesse o total colapso na arrecadação dos impostos!

Se fosse decretado o fim das loterias!

Se todo o empregado em tempo ativo de contribuição, deixasse de contribuir!

Então, 65 e 62 anos de contribuição para conseguir uma aposentadoria é uma maldade sem tamanho, mesmo porque, o excelentíssimo senhor presidente já fora aposentado, muito, muito antes disso.

Pelas regras atuais de permissão Constitucional, o indivíduo começa a trabalhar aos 16 anos de idade. Para garantir sua aposentadoria, com a contribuição estipulada muito poucas pessoas conseguirão tal benefício. Ou seja, de dois indivíduos que atingem os 75 anos ou mais, por exemplo, dezenas, centenas de outro tanto, morrem antes dos 60 anos!

É a proposta do Temer, piorada! Parabéns presidente, conseguiu superar em um mês, tudo de ruim que havia ficado nos últimos 13 anos de Lula, Dilma e Temer!

Com efeito, eis o "slogan": "UMA NOVA PREVIDÊNCIA VAI SER MELHOR PARA O BRASIL..."

De fato, assim , arcaicamente comparando , o TITANIC, também fora criado para ser o orgulho dos transatlânticos e a "jóia" (como disse o presidente da Vale do Rio Doce, após sua empresa matar centenas de pessoas) de seus construtores, no entanto, em sua primeira viagem inaugural, foi ter no fundo do oceano... e, só pelo fato, de se observar o mau humor estampado na cara feia, a falta de preparo, a indiferença de Paulo Guedes e a complacência de sua Excia, percebe-se claramente que o final não será muito diferente mesmo do navio...

Enfim, nem nos meus piores pesadelo, poderia imaginar que meu candidato eleito, que defendi, que briguei, que lutei, que tentei convencer tantos em seu nome, conseguira fazer TANTO mau em TÃO pouco tempo! Em prejuízo principalmente dos fracos e oprimidos! Parabéns!

Realmente, o poder sabota às vezes, muitos ideais, ademais de quem possui um discernimento um pouco complicado!

CAPÍTULO XII

<u>O QUE HOUVE COM JAIR MESSIAS BOLSONARO, O CAPITÃO?!</u>

Gaius Julius Caesar Germanicus, (Caio Júlio César Augusto Germânico) ou simplesmente, Calígula, Imperador Romano (foi imperador romano de 16 de março de 37 até seu assassinato, em 24 de janeiro de 41, filho de Júlio César Germânico (general romano) com Agrippina Maior), por incrível que pareça, por algum tempo em sua governo, mostrou-se até complacente, humilde mesmo e tinha alguns projetos que viabilizaria em muito a vida do cidadão romano!

Tudo se encaminhava para mais um Governo tranquilo e ainda mais expansão do Império Romano, quando, Calígula, acometido de uma misteriosa doença, caiu em leito de morte!

Ora, não era odiado (ainda) razão pela qual, alguns pobres trabalhadores do povo, chegaram mesmo, a rogar aos "deuses" pela vida do seu Imperador e dentre esses, um , fizera a promessa , que recuperado o "grande" Cesar, daria sua vida em troca se preciso fosse!

Ocorre que, como ninguém morre na véspera! Ele , o Imperador despertou de seu torpor doentio, se recuperou e disposto a retomar o comando da sua vida e o controle de Roma, assumiu novamente o poder!

Ouvindo a tal história de que um homem disse que daria a vida por ele, mandou chamar a sua presença tal figura!

"Foste tu que dissesse que daria tua vida pela minha?" , perguntou.

"Sim, Cesar, fui eu!" Respondeu o pobre diabo, acreditando que iria ser agraciado!

Em seguida, Calígula, na mesma hora transpassou-o com um golpe de espada, matando-o imediatamente!

Calígula, enlouquecera, daí por diante... a história conta e todo mundo sabe, mas, a partir de então, Roma passou por dificuldades, principalmente financeiras, em função dos seus gastos exagerados com reformas públicas e urbanísticas. Historiadores afirmam que estes gastos públicos irracionais chegaram a provocar a fome em grande parte dos habitantes de Roma. Tornou-se um tirano e introduziu em Roma o culto divino ao imperador.

Durante seu governo teve vários atos cruéis como, por exemplo, mandar matar membros de sua própria família. Perseguiu também vários membros da aristocracia, com o objetivo de tomar seus bens. Um dos fatos mais icônicos de seu reinado, foi sua ideia de colocar no Senado Romano, o seu cavalo favorito, *Incitatus*. Calígula, fora sim, uma pessoa totalmente desequilibrada no âmbito das relações pessoais. Vida sexual desregrada, conflitos familiares e atitudes provocativas fizeram parte da vida do polêmico imperador romano.

Obviamente, não há nada em comum entre o antigo maluco e o capitão, exceto pelo fato da mudança de comportamento que lhe atingiu depois da facada e muito mais depois da posse!

O poder o deslumbrou! Não quer dar mais satisfação ao seu eleitorado, deixando-se iludir por um homem que tem como seu guru, cuja ficha criminal, desabonaria qualquer cidadão de bem!

Tudo que ele disse, passou a dizer que não disse, e aquilo que mais combatia, conseguiu fazer parte e ainda piorar muito mais!

É claro, que Jair Messias Bolsonaro, o Capitão, jamais poderia ser digno o quanto o Winston Churchill, nem poderia se comparar a um Abraham Lincoln, contudo, ninguém esperava (ninguém, se diga , seus eleitores) que se tornasse muito pior do que o Luiz Inácio, nem muito menos , um clone da PresidAnta! Ainda assim, nomeou uma desqualificada, para ser sua representante na Câmara. A tal senhora, fala sem pensar e mesmo quando pensa para falar, fala o que não deve!

Enfim, pelo menos o Calígula, teve a desculpa de ter enlouquecido e quanto

ao capitão... os próximos dias, vão mostrar por
qual motivo e por quais razão mudou tanto!

CAPÍTULO XIII

<u>REFORMA DA PREVIDÊNCIA,</u>

<u>"REAL" OBJETIVO!</u>

O principal objetivo da chamada Reforma da Previdência, é extinguir de vez, esse incômodo para o Governo, chamada APOSENTADORIA, do contrário, não teria escolhido um banqueiro, já processado, por crimes praticados nessa área e nem tentaria a "a toque de caixa", rapidamente, empurrar de goela abaixo, algo ainda bastante obscuro, sem discussão social, sem explicar de onde vem o déficit, de onde vem esse buraco tão profundo que somente com uma total radicalização, é possível controlar!

Uma pergunta bastante simples, colocaria todos os argumentos do Governo e da Reforma da Previdência, por terra: quando foi que um governo brasileiro, fez algo em sã consciência cujo interesse seria somente beneficiar sem interesse, a população desamparada e todos os setores da sociedade?

Na verdade, a própria pergunta já traz a resposta!

No texto, existe um dispositivo, que garante (ao governo, é claro), nunca mais pagar aposentadoria integral para ninguém e dificultar de todas as maneiras a possibilidade do alcance a mesma. Esse dispositivo se chama GATILHO!

Ou seja, AUTOMATICAMENTE, toda vez que a expectativa de vida da população (LOGICAMENTE DIVULGADA PELO GOVERNO) aumentar (e pelos dados oficiais, estão aumentando), aumenta-se em um ano a idade mínima para a aposentação, para o homem e para mulher. Em termos gerais funciona assim: a expectativa de vida, subindo para 75 anos, 1 ano, é incorporado a idade mínima. Assim, ao término de

5 anos, a idade mínima para homens passa a ser 70 anos e mulher 65. Isso, se "no meio do caminho", o Governo não mudar a regra do jogo e subir a expectativa da vida, para um número maior, elevando de cara a idade mínima para 70 e 72 anos e assim, sucessivamente, em suma, acabar com a Aposentadoria, como quase conseguiram fazer no Chile. País, onde as pessoas que recebiam um salário Mínimo, por exemplo, passaram a receber apenas R$ 400,00.

Outra pergunta que não quer calar é a seguinte: o que esses homens ganham preparando um tamanho engodo (mentira) "para cima", da população brasileira, em geral, sem um mínimo de escrúpulo ou piedade?

Só consigo pensar em uma coisa: mais dinheiro para encher seus já abarrotados cofres, nada mais!

A única coisa que poderia justificar referida medida, já questionada inclusive, numa CPI instalada para esse fim e que comprovou não haver nenhum déficit na Previdência, seria em caso de: Calamidade Pública, Estado de Guerra, Perigo de Terremoto, Maremoto, Tsunami e furacão, deflagração de peste, epidemia ou no pior dos casos, invasão, extraterrestre!

Como confiar num governo, que direta ou indiretamente, ainda descende de outros governos, que FURTARAM a Poupança do trabalhador e nunca mais devolveram a importância, possui um STF como o nosso, um Senador como FERNANDO COLLOR DE MELO, uma Deputada como Gleisi Hoffman, Maria do Rosário... Tá eu sei, não são do partido do Excelentíssimo Presidente, isso é verdade, mas, o General Mourão é, e a cada vez que ele abre a boca, a esquerda aplaude de pé. Só falta agora defender as drogas, porque já mudou de lado várias vezes! Nesse caso, em assunto de tão complexa gravidade, sua opinião de "bonachão" não vale. Imagino, eu, soldados, com um homem desse num campo de batalha (já que é general), a frente de um pelotão. Imagino que bastante ligar uma câmera para ele vender a tropa!

Outrossim, quem diria hein, o que pareceria ruim, com Temer (presidente, que saiu com 3% de aprovação ou menos), ficou pior, mais muito, muito pior ainda no início do Governo Bolsonaro, nessa chamada, nova reforma. Astuto, colocou a sua "papagaio de pirata" para falar e se sentir a "dona Imperatriz" apoiadora do Dória, para defender seu projeto e do banqueiro Paulo Guedes, como se fosse a SOLUÇÃO PARA A SALVAÇÃO DA HUMANIDADE... o dela (salário), do presidente , do vice-presidente, já estão garantidos. O nosso... Só Deus!

CAPÍTULO XIV

<u>É UM "MITO" MESMO... NÃO EXISTE!</u>

Num único gesto, violou quase todos os Artigos do Código Penal, contra a Administração Pública. Do 312 ao 327, todos do CP. Não satisfeito, ao invés de ficar bem "caladinho", jogou tudo no ventilador, é um mito mesmo... não existe!

Não obstante, seus defensores, oficiais e extra-oficiais, tanto quanto ele, não existem... bastou eu mencionar isso, que o Excelentíssimo, cometeu crime sim, pronto. É do PT, é Comunista, é contra o "mito!"

Nem uma coisa nem outra: não sou comunista, não sou do PT, já o fui, há muito tempo atrás, e hoje, sou apenas um eleitor completamente desiludido e inconformado. Aplaudir um indivíduo por simpatizar com todos os seus atos tresloucados, eu até entendo. Agora defender alguém, quando está cometendo crime, é mais que fanatismo... é formação de quadrilha ou bando...

Com um só ato, ele demonstrou, que não há necessidade de Código Penal, Constituição Federal, Direito de Ir e vir, respeito ao semelhante e limites de ação de um homem público, num cargo público! Não! "Está acima da lei! Está a frente do seu tempo! Está acima do bem e do mal!" Pretenso Imperador, fora de época, eis o que aparenta...

Ele representa tudo isso!

Por enquanto, só está perdendo para um outro "grande", que andou aprontando muito, por muito tempo, aqui em São Paulo, que criou quase tudo que existe e vive: Paulo Salim Maluf...

Eu acho que deveria usar, ao invés daquela faixa verde-amarela, a capa azul de "super-homem!"

Como é possível um sujeito comprovadamente envolvido ou suspeitamente envolvido em acusações gravíssimas, por sua livre e espontânea vontade, agindo por sua livre escolha ir lá destruir provas que poderiam comprometê-lo de vez e ainda alardear na imprensa?!

É um mito mesmo, não existe!

Tá certo que ele tem certeza que após ter pagado tanto para ter a Reforma da Previdência aprovada, os homens de Brasília, vão "pegar leve" com ele... e tem razão!

Contudo, chega uma hora, que até os "melhores" (no crime) vão para a cadeia... El Capone, Marcola, Fernandinho, Eduardo Cunha, Marcelo... afinal, um dia... sempre caberá mais um! Um dia, até os potentes muros de Jerusalém, de Jericó,

ruíram... pela força da Natureza e outro pela Força
Divina!

CAPÍTULO XV

<u>O BRASIL DE FELIPÃO E O BRASIL DE BOLSONARO(?!)</u>

"Não tem nada a ver", dirão alguns!

"Política e futebol não se deve misturar!" Dirão outros!

E em partes, eu devo admitir que tem razão, não, contudo, em termos de comparação!

A Seleção Brasileira, desde aquele evento desastroso, sobre o comando de Felipão, onde sofreu uma derrota infamante de 7 X 1 (para a Seleção Alemã), que fez, muitas crianças, inclusive minha filha, chorar, com as bandeirinhas nas mãos, nunca mais se recuperou totalmente e NUNCA mais vai recuperar seu "status" anterior, nunca mais vai com fora anteriormente, jamais! Pode ganhar Copa invicta, mas, a vergonha que fora ao Brasil (bom, pelo menos aos aficcionados do esporte futebol) fora intensa!

A Seleção, toda poderosa, com jogadores que chegavam (e chegam) a ganhar R$ 20.000,00 por hora, por exemplo, comportou-se como um time de várzea. Que digo? Um time de várzea, ali colocado , naquela ocasião, com aquela camisa amarela, honrariam-na!

Para sorte do treinador, o Brasil, é um país pouco dado a guardar suas memórias, o tempo passou e ele voltou a dirigir grandes clubes , como se nada tivesse acontecido. Aliás, não está errado!

Todas as fichas depositadas num indivíduo e sua equipe e tudo mais... por "água abaixo!"

Eis como encaro <u>sem fanatismo</u> , <u>sem radicalismo</u>, o governo do hoje

Excelentíssimo Presidente Jair Messias Bolsonaro... um completo fracasso!

No entanto, os idólatras de plantão, permanecem obcecados se recusando a ver o que todo mundo viu, como por exemplo, na Seleção Brasileira, um monte de indivíduos famosos, mas, agindo individualmente, preocupados principalmente com o seu "marketing!"

Passados mais de 100 dias, é um governo derrotado sim, por um placar elástico, contudo não quer admitir! Mesmo porque uma coisa é trabalhar numa espécie de "válvula de escape" de propaganda política nas redes sociais, já que a mídia tradicional não dava oportunidade, outra coisa é após eleito, querer governar por meio dessas...

Além de até a presente data não cumprir nenhuma promessa de campanha, ainda, junto com seu (1º. Ministro) Ministro Paulo Guedes, subtrair o Direito conquistado, dos Aposentados, Idosos, Deficientes Físicos, Trabalhadores Rurais, Professores, Policiais, etc., com sua famigerada Reforma da Previdência. Reforma esta, que a mente, mais refratária , sabe ser um engodo. Uma simples análise, sem estudos o comprova: como pode um órgão, que além das contribuições mensais de seus segurados, ainda recebe inúmeros impostos, repetidamente, infalivelmente, ao longo dos anos, dar prejuízo?! Com a resposta Bolsonaro e Paulo Guedes!

Por fim, a grande jogada do Paulo Guedes, me recorda uma arrancada "desengoçada" do zagueiro do Brasil à época, o David Luís, com uma velocidade acima de sua capacidade, parecia um "fusquinha" a mais de 100 por hora(?!) Parecia que ía demontar! Ou seja, o Guedes, pensa que é um "craque", mas não passa de um "perna de pau" orientado, culpa do péssimo "treinador!" Por o haver escalado!

Eu , particularmente, me sinto ludibriado!

CAPÍTULO XVI
POLÍTICO NATO!

Muitas vezes nasce com o dom...

De outras, adquire depois, após anos de "exercício e experimentação!"

Nascendo com o dom ou o adquirindo depois, é aquele que mente sem constrangimento, promete sem poder cumprir, engana sem ter remorso e ilude até criança sem se incomodar. Não importa!

Ao ler semelhantes linhas, o político nato se indigna, revolta-se, porque sabe ter sido descoberto e não por estar se sentindo incomodado!

São basicamente todos iguais. Um ou outro não se salva? Claro, sempre existe uma "ovelha desgarrada!"

Agora há pouco fiquei indignado, ao ver uma obra começada e inacabada nesta pequena cidade, onde, por ora resido: obra orçada em TANTOS REAIS... INÍCIO: EM BRANCO; TÉRMINO: EM BRANCO!

Mais adiante uma ponte relativamente nova, sobre o leito de um pequeno rio, cujos ferros do parapeito horizontal, estão destruídos. Um idoso, uma criança que dali se aproxime, corre risco de vida!

A estrada de rodagem que dá acesso a cidade, tem mais crateras que a Lua...

Daí a conclusão: são todos iguais!

De um que escape e pense no povo, há um milhão deles pensando no próprio bolso!

O político nato, já tem que nascer com o dom da hipocrisia, para colocar-se frente a uma câmera de TV e mentir para milhares de pessoas, dizendo que vai modificar o País e quando tomam da cadeira, pegam a "cartilha na gaveta" e fazem exatamente igual aos outros, seja um Deputado, Vereador, Senador, Prefeito, Governador ou Presidente!

Antes de se elegerem dizem que a Democracia é isso: Governo do Povo, pelo Povo e Para o Povo! Quando assumem, revoltam-se quando ouvem falar tamanha "besteira!"

Aqui no Brasil, em particular no cargo de Presidente, tem acumulado figurinhas "tarimbadas", dentre elas a mais emblemática, sem dúvida foi o Fernando Collor de Melo o outro Fernando (o Cardoso), também não fez grande coisa... Finalmente, depois de anos de tentativa, chegou ao poder o PT. Lula a esperança da multidão, se tornou um dos maiores larápios da Nação. Ainda conseguiu se reeleger, para depois deixar sua maldita herança: Dilma Rousseff! Essa, além de desonesta, era completamente incompetente, inconsequente, maluca, displicente!

São todos iguais. Esse último, foi carregado nas costas pelo povo. A multidão chorou seu ferimento, as crianças oraram por sua recuperação. O mundo se prostrou e o que fez ele, além de prometer Filé Mignon a seu filho enquanto o Brasil morre de fome?!

O que fez ele?

Arranjou confusão com Países da Europa, deu vexame no Japão, falou 5 minutos em Davos, quando poderia falar 30, ignorou as queimadas, mandou arquivar Inquérito que investiga seu filho e adotou como regra de sua vida, os ensinamentos de um maluco brasileiro, que mora nos Estados Unidos, cuja nova teoria principal é de que, a Terra é plana e que ninguém chegou a Lua., dentre outras "pérolas!" etc.

Político nato é isso: eleito vira as costas para aqueles que o apoiaram, como não teme a Deus, acredita não lhe estar reservado nenhum castigo, apático, o sofrimento da população de baixa renda não lhe diz respeito e todo o dinheiro e capital acumulado, vai principalmente para investir nas reformas, mais particularmente, para comprar Senador e acalentar Deputado!

Isso sim, é o jeito novo de fazer política: pagar e cobrar! Antes, pagavam antes e cobravam depois!